OBSERVATIONS

SUR LE PROJET

DE CODE CIVIL.

*Par l'auteur du Livre de la Réforme des
Lois civiles.*

OBSERVATIONS

Du Cit. OLIVIER, Juge d'appel à Nismes,

Sur le PROJET DE CODE CIVIL présenté par la Commission nommée par le Gouvernement, le 4 thermidor, an 8;

Adressées au Ministre de la Justice, en floréal an 9.

Nous n'avons eu encore, parmi tant d'Essais de législation, rien d'aussi régulier dans son ensemble, et en même temps d'aussi soigné dans les détails, que la Rédaction du Projet de Code civil, par les Citoyens *Tronchet*, *Bigot-Préameneu*, *Portalis* et *Malleville*. Quoiqu'ils ayent puisé des matériaux précieux dans le Droit romain, qu'ils ayent été aidés par les travaux analytiques des *Domat* et des *Pothier*, par le Projet précédent du Consul *Cambacérès*; quoiqu'ils ayent pu s'enrichir du suc qu'ils ont su retirer de la plupart des bons auteurs, ils nous offrent, par eux-mêmes, une masse si imposante de lumières, un tel concert d'idées sages, que nous devons leur assigner une place bien au-dessus de celle de Tribonien et de ses coopérateurs (*). Leur Discours préliminaire est un chef-d'œuvre qui doit échapper ou du moins survivre aux atteintes de la plus sévère critique.

Pourquoi n'applaudirois-je pas au mérite de cette rédaction, quand je suis personnellement si intéressé à y applaudir ? En effet, j'y rencontre sans cesse de quoi me glorifier d'avoir adopté, dans mes écrits antérieurs à la révolution, les mêmes points de vue, les mêmes principes que ceux dont les auteurs du Projet ont voulu se servir. Mais je pense que l'importance du Projet est telle, que, pour le perfectionner, on doit s'efforcer d'y démêler des tâches, et d'en indiquer les corrections : car il s'agit d'élever un monument éternel à la gloire du Gouvernement français.

(*) Cet éloge n'est point exagéré, si l'on considère le peu de temps que les auteurs ont mis à tracer le Projet de Code dont il s'agit : car les rédacteurs des Pandectes et du Code Justinien sont bien plus reprochables qu'eux sur le fait des ambiguités, des redites, des contradictions. Les Romains l'emportent néanmoins dans la manière de présenter quelques espèces de décisions, ainsi qu'on verra ci-après. Ils distinguent mieux ce qui doit être énoncé comme loi de rigueur, ou comme règle explicative de jurisprudence, responsa prudentum. Il faut aussi, quant au mérite de la concision, réserver l'éloge particulier dû aux Instituts de Justinien, qui offrent un modèle de rédaction duquel on ne s'est point assez rapproché dans ce Projet.

Première Observation.

JE n'entends point mettre en comparaison le Projet dont il s'agit, avec l'Essai de rédaction de Code civil que j'avois soumis à l'Assemblée constituante en 1791, et où, depuis, je n'ai fait que de très-légères corrections. La nature du plan auquel je m'attachois, exclud cette comparaison. J'y avois envisagé tous les gouvernemens libres ; je cherchois à poser les bases générales et philosophiques d'une Rédaction de Code ; je m'efforçois d'atteindre une multitude de cas particuliers, en excluant les dispositions particulières sur ces cas, et n'entreprenois pas de statuer sur tous les points ou sections nécessaires d'un Code spécial pour la France. Mais le Projet dont le Gouvernement provoque l'examen, est-il, à son tour, insuffisant dans les détails, ou en comporte-t-il trop ? Ici on croiroit encore que je veux engager une comparaison entre mon Essai et ce Projet ; point du tout. Je restreindrai ma discussion sur celui-ci, en m'aidant seulement des maximes que j'avois choisies pour guides ; et voici la première de ces maximes.

Le Code civil doit être assez brief, pour que les lois qu'il contient puissent être facilement apprises et sues par tous les Citoyens un peu lettrés, ou communiquées par ceux-ci aux autres Citoyens non lettrés.

Je vois, par le Discours préliminaire des rédacteurs du Projet, qu'ils ont voulu transiger, d'une part, avec les juristes ou philosophes qui tiennent pour l'extrême briéveté des lois ; et, d'autre part, avec les jurisconsultes qui désireroient que tous les cas fussent individuellement prévus dans un Code. N'est-ce pas vouloir transiger entre le possible et l'impossible ? Non, si l'on a eu le temps, dans chaque matière, d'user du grand art, qui est, à mon avis, et suivant l'expression des rédacteurs, *de tout simplifier en prévoyant tout.*

Je ne compterai pas, comme moyen important de briéveté, la suppression des définitions générales de droit, que j'avois laissées à l'étude des hommes de loi, puisque les grands jurisconsultes n'avoient point négligé ces définitions recueillies dans la compilation tribonienne, et qui sont ici quelquefois mieux rendues.

Mais j'exigerois, qu'en admettant même quelques lois de plus, qui peuvent être proposées pour être intercalées dans les articles du Projet (et il est à craindre qu'on n'en propose que trop) ; j'exigerois, dis-je, qu'on réfléchît encore sur chaque chapitre ou section , en se fixant sur cette idée, savoir : Seroit-il possible , en rendant les dispositions proposées sous des termes plus génériques , de comprendre toutes les mêmes dispositions particulières sans les énoncer par articles fixes et séparés ?

Or m'objectera qu'une semblable composition de Code suppose, de la part du législateur, une extrême confiance en ce que les Tribunaux suppléeront, pas leurs lumières et leur équité, à tout ce que la loi n'aura pas déterminé assez explicitement ; j'en conviens : mais c'est aussi un point convenu de toute ancienneté, et je l'ai démontré ailleurs, que le choix des juges est plus important que même la rédaction des lois. De-là, il s'ensuit que le perfectionnement de l'organisation des corps judiciaires mérite la plus grande attention du Gouvernement.

Ainsi j'insiste sur ma proposition précédente, qu'on doit s'efforcer, autant qu'il est possible, de mettre les lois les plus essentielles, qui affectent la généralité des habitans d'un État, à portée d'être apprises par tous les Citoyens un peu lettrés.

Seconde Observation.

EN me conformant à l'opinion d'anciens magistrats illustres, j'avois adopté cette seconde maxime, qu'*il faut séparer, dans une rédaction de Code, les lois naturelles d'équité ou de raison, d'avec les lois positives ou arbitraires.* Je donnois pour motif, que les premières s'interprètent facilement à l'aide de la raison et des lumières naturelles ; tandis que, pour faire l'application des autres, on doit se régler sur l'intention du législateur.

On pourra me répondre que cette forme de rédaction est de peu d'importance, parce que le juge est présumé apte à faire ce discernement par lui-même. Cependant, s'il est vrai que le législateur doive s'efforcer de mettre le Code à portée du plus grand nombre de lecteurs , la distinction dont nous parlons n'est point absolument indifférente.

Les législateurs de l'antiquité mettoient si bien à part l'étude *du juste et de l'injuste ,* duquel naquirent les écoles de philosophie morale , qu'ils se dispensoient totalement d'assigner pour loi , ce qui l'étoit essentiellement par la nature des choses ou de la raison humaine ; c'est-à-dire , ils négligeoient d'énoncer les lois de raison universelle , et se resserroient dans un petit nombre de lois positives. C'est dans ce sens qu'*Horace* dit que leur sagesse consistoit à être concis dans la législation : *leges incidere ligno.*

Sans doute la multiplicité des rapports sociaux , entre les individus d'un grand État populeux et civilisé , nécessite des Codes plus étendus , qu'on n'en consignoit autrefois sur une table ou sur une colonne. Nous avons , de plus que les anciens , l'imprimerie ; usons-en donc : mais en ceci , plus qu'en toute autre chose, gardons-nous de l'abus ; car la sagesse est toujours d'être brief dans les lois. Or , si séparer les lois naturelles de raison d'avec les lois positives est un moyen de brièveté ou de clarté dans la rédaction , pourquoi le négliger ?

Troisième Observation.

J'AVOIS cru pouvoir offrir comme une espèce de pierre de touche propre à vérifier l'excellence de la rédaction d'un Code , cette septième maxime : *Plus les lois positives ren-*

treront dans la classe des lois naturelles, ou se rapprocheront
d'elles, plus elles seront parfaites.

C'est comme si j'avois dit : moins il y aura de lois positives, meilleur sera le Code. En d'autres termes : plus
l'arbre sera élagué, meilleur ou plus abondant sera le fruit.
Si cette comparaison n'est point ici trop ignoble, quand il
faudroit plutôt envisager dans l'Olympe la divinité qui, se
frappant le cerveau, enfante *Minerve*, essayons de la mettre
à profit.

Je parcours rapidement le Projet envoyé par le Gouvernement aux Tribunaux d'appel. J'y trouve, jusqu'à la
page 30, beaucoup de dispositions positives sur l'état civil,
le domicile et les absens. Il y en a de nécessaires, d'autres
que la jurisprudence naturelle suppléeroit assez, et qui,
devenant des dispositions fixes, tandis que l'équité, dans
des cas particuliers, permettroit quelquefois une certaine
variation, augmentent la masse des lois positives.

Je vois, depuis la page 43 jusqu'à 52, des dispositions
positives sur le divorce qui ont besoin de plus d'explication,
si on les conserve ; et il me suffit de remarquer à présent
que cette partie du droit positif seroit bien moins compliquée, si on la réduisoit à permettre les séparations de corps
et de biens en certains cas.

Je remarque, depuis la page 141 jusqu'à 165, touchant
les obligations où l'on a suivi principalement les écrits de

Pothier, que si nous considérons ici comme une instruction fixe pour les juges, le développement qui est donné des règles naturelles, *Pothier* a souvent rendu plus intelligibles par des exemples les règles qu'il a établies. En supprimant les exemples, et se bornant à des hypothèses sèches, contre l'usage admis dans les textes du Droit romain, on rend la loi quelquefois trop abstraite ; et au-lieu d'en faciliter l'instruction au commun des lecteurs, on la rend plus épineuse.

Il me semble, à la page 168, touchant les actes confirmatifs, qu'on introduit une espèce de superfluité de droit positif, là où il seroit convenable de s'en rapporter à l'équité des juges. On a voulu éviter l'arbitraire des Tribunaux, en prononçant l'exclusion absolue de l'utilité d'aucun acte confirmatif ; mais on n'échappe point à l'embarras des cas particuliers où l'acte confirmatif paroîtroit équivalent à l'acte principal.

Plus loin, les rédacteurs du Projet pouvoient choisir entre ces deux dispositions ; savoir : *La communauté des biens entre époux n'aura lieu que lorsqu'elle aura été expressément stipulée* ; ou, *Cette communauté aura lieu, excepté qu'on ait stipulé le contraire.*

Au premier coup-d'œil, il paroît indifférent d'admettre l'une ou l'autre de ces dispositions contraires. J'avois préféré la première, parce qu'elle simplifioit ce point de législation, en indiquant seulement qu'en ceci la stipulation devoit avoir le sort général des conventions.

Les rédacteurs du Projet préfèrent la seconde, et cela les oblige de multiplier leurs articles législatifs, comme on le voit sect. 2, pag. 187, et principalement depuis la page 261 jusqu'à 287. Là on vérifiera combien d'articles paroissent nécessités par l'admission de la communauté légale ; et cet exemple est assez frappant pour montrer l'inconvénient qu'il y a de multiplier les lois positives. On me dira que j'avois voulu moi-même, par respect pour la liberté des conventions, que la communauté pût être stipulée entre époux, et que, par conséquent, il importeroit toujours d'avoir fixé les mêmes règles. Sans doute il faudroit, en ce cas, trouver au moins ces règles dans la jurisprudence des Tribunaux, si les lois générales des conventions ne disent point assez. Mais la communauté entre époux n'étant point généralement admise de droit, on amoindriroit le nombre des questions litigieuses qui en résultent ; ce qui seul est bien important.

Ne vaudroit-il pas mieux défendre rigoureusement que la communauté pût avoir lieu entre gens mariés, que d'en faire une règle de présomption légale, et cela, par l'unique motif de débarrasser le barreau d'une foule de litiges ruineux qu'on ne voyoit guères s'élever en pays de droit écrit ? Le Projet que nous examinons fournit lui-même la preuve des avantages qu'on recueille toutes les fois qu'on simplifie la jurisprudence ; car là où il suppose que la communauté seroit exclue par une convention précise, il règle tout dans deux pages. *Voyez* les pages 178 et 179.

Si nous voulons continuer d'élaguer ce qui ne fait point partie absolument nécessaire du Code civil, nous renverrons ailleurs la plupart des articles compris entre les pag. 195 et 236. Ces articles législatifs, qui ne sont que réglementaires, touchant les formes de convention, purgation d'hypothèques, oppositions, lettres de ratification, ventes forcées d'immeubles, quoiqu'étant liés de près au Code civil, peuvent être réservés pour l'instruction de certaines classes de Citoyens attachés au barreau. On en est convenu par une note marginale, page 210. Falloit-il encombrer le Projet d'une foule d'articles propres à composer un Code sur les formes judiciaires, qui devra être substitué à l'Ordonnance de 1667 ?

Soyons bien pénétrés de cette vérité ; savoir : le Code judiciaire est et doit être un Appendice du Code civil. Il en est séparé pour être réservé aux études des juristes, et laisser aux lois civiles la simplicité et la briéveté qui leur conviennent. Si on les confond ensemble, on se prive des avantages de cette briéveté dont je me suis efforcé de faire sentir le prix. Aussi, en convenant que les rédacteurs du Projet ont développé, d'une manière plus complète que moi, les lois sur l'hypothèque, je ne puis dissimuler qu'ayant d'avance puisé dans le Droit romain les mêmes principes qu'ils ont adoptés, à peu de chose près, j'avois cru devoir les resserrer dans une étendue douze fois moindre que celle de leur rédaction. La raison en est, que je distinguois le droit sur les actions, d'avec la manière d'exercer les actions. Celle - ci me paroissoit devoir être traitée à part.

En résumant tout ce qui est exposé dans cette troisième Observation, on s'aperçoit qu'elle rentre entièrement dans le sens des deux précédentes, ou se lie avec elles.

Quatrième Observation.

APRÈS avoir établi que, dans une rédaction de Code civil, la plupart des cas particuliers ne doivent presque être déterminés qu'en forme d'exemples propres à donner la véritable intelligence d'une loi générale, j'ai dû conclure que, par les lois qui résolvent des hypothèses particulières, les Tribunaux ne doivent point cesser d'être arbitres d'équité dans les cas non prévus, indépendamment de toute gêne que les lois explicatives semblent introduire. Il faut donc porter une singulière attention à ne point introduire cette gêne, parce qu'il s'en ensuivroit l'altération même de la règle générale. Ce n'est que dans le droit positif qu'il est nécessaire de multiplier des détails régulateurs, si on peut s'exprimer ainsi ; et cette nécessité seule annonce que tout droit positif est un peu défectueux en soi. Disons plutôt que la loi positive étant le remède à des maux dérivans de la corruption de la société, il n'est point étonnant que ce remède emporte avec soi quelque chose de pénible. Or, comme tout remède est nuisible, quand il n'est point absolument nécessaire, il doit être exclu soigneusement hors les cas de nécessité. Dans ce sens, les lois criminelles appartiennent toutes au droit positif : leurs effets doivent donc s'étendre le moins possible. L'effet de la mort civile, qui est à considérer dans le Code civil, doit suivre la même règle. C'est donc une erreur (page 10) de prononcer la dissolution du mariage d'un homme mort civilement, d'empêcher que ses enfans ou parens recueillent, à titre de succession, les biens qu'il a pu amasser depuis qu'il a été frappé de mort civile : car faut-il bien que quelqu'un recueille cette succession. La mort civile, n'étant qu'une fiction de la mort naturelle, ne peut avoir absolument tous les effets réels de cette mort naturelle, précisément parce qu'au-lieu de réalité il n'y a que fiction.

Cherchons maintenant des exemples du danger qu'il y a toujours à vouloir trop décomposer dans un Code les régles générales d'équité, et à descendre dans trop de détails de législation, en ce qui pourroit dépendre uniquement de l'équité des juges : car on risque par-là de transformer le droit naturel de raison en droit positif ; et tandis qu'on s'efforce de ne statuer que suivant ce droit naturel, on s'expose aux inconvéniens du droit positif. A cet égard, j'oserai dire au législateur le plus éclairé, le plus attentif à choisir ses textes des livres les plus sages de jurisprudence : laissez ces distinctions, dont plusieurs sont sujettes à des sous-distinctions fugitives ; laissez-les aux livres que nous devons étudier auxquels elles appartiennent, puisqu'il est bon de trouver des livres qui nous apprennent à bien saisir l'esprit des règles générales de la justice. Un Code, quelque étendu qu'il soit, n'est-il pas insuffisant, de votre aveu, pour nous dispenser de cette étude ?

La matière des conventions est la plus simple, la mieux susceptible de toutes à être réglée par des maximes générales, celle même où, en quelque sorte, le législateur est le moins sujet à se tromper. Arrêtons-nous aux premières pages du Projet dans cette matière. Prenons, pour exemple, la section 3, page 143 : *Des dommages et intérêts résultans de l'inexécution de l'obligation.* Il eût peut-être suffi d'établir que le payement des dommages et intérêts seroit ordonné suivant l'équité des Tribunaux, qui accorderoient au moins l'intérêt légal, du jour de la demande, contre le débiteur en retard de payer une valeur, ou d'exécuter une obligation quelconque.

Les rédacteurs du Projet ont distingué entre les dommages et intérêts pour l'inexécution de l'obligation de faire ou ne pas faire, et les dommages relatifs à l'obligation de payer une somme d'argent. Quant à celle-ci, ils ont précisé la disposition législative, en n'accordant que l'intérêt légal de la somme due, à compter du jour de la demande. Quant à l'autre, ils sont plus rigoureux, sans indiquer aucun motif de favoriser telle, plutôt que l'autre, espèce d'engagement du débiteur : car ils le soumettent, quoiqu'il ait été sans mauvaise foi, à tous les dommages qui sont de la perte au gain du créancier.

Il est vrai qu'en l'art. 44, on reçoit le débiteur à justifier que l'inexécution provient d'une cause étrangère qui ne peut lui être imputée, et, dans ce cas, on le dispense du payement des dommages. Mais s'il s'agissoit de livrer une chose promise, ne seroit-il pas équitable d'obliger le débiteur à payer la valeur de cette chose qu'il n'auroit pu se procurer ? En omettant cette disposition, il semble que le législateur, qui vouloit tout prévoir, a manqué de prévoyance, ou a voulu exclure ce qu'il n'a point compris dans les articles adoptés.

En effet, l'art. 45 statue que les dommages de la perte au gain seront dûs, à l'exception des modifications qu'on ajoute ensuite. Ces modifications paroissent ainsi les seules admises taxativement. Toute autre modification paroît exclue. Donc on exclud que s'il y a impossibilité de remplir l'obligation, cette obligation soit conservée ou représentée en ce qui est possible.

Voilà ce que c'est que le trop de détails dans la fixation des régles législatives : plus on marque ces détails, plus on se met dans la nécessité d'en préciser d'autres ; car on ne déniera pas la justice de l'article suivant, qui seroit ajouté ici : *Quand il est impossible au débiteur de se procurer la chose qu'il a promis de livrer, il suffit qu'il en paye la valeur au temps convenu, pour se préserver de l'action en dommages.*

Niefoit-on encore que la règle suivante ne soit infiniment

juste et nécessairement admissible : *Celui qui , dans des obligations réciproques , n'a pas rempli ce qu'il devoit de son côté , est exclu de la demande des dommages pour l'inexécution de l'obligation de l'autre côté ?*

L'omission de cette règle ne seroit point omission, si le législateur s'étoit borné à dire que l'équité des juges déterminera les dommages dûs aux parties ; mais en fixant divers articles de lois à ce sujet, en statuant taxativement que les dommages seront dûs de la perte au gain , sauf les exceptions énoncées, tous les cas non expressément exceptés semblent être résolus dans la disposition législative ; et, encore une fois, le législateur, pour en dire trop , a trop peu dit.

Je me borne à cet exemple de comparaison des lois générales d'équité , et des lois explicatives ou de détails, dans une matière où il n'est pas nécessaire d'avoir recours à de grands jurisconsultes. On comprendra combien il me seroit facile de multiplier ces sortes d'exemples.

Cinquième Observation.

Il est, avons-nous dit, de la nature des lois positives d'entraîner la nécessité d'émettre d'autres lois qui soient interprétatives des premières. Nous n'avons pu nous dissimuler l'inconvénient attaché à ce droit positif, qui semble être comme nécessairement défectueux par lui-même ; savoir, que le besoin d'explications ultérieures entasse diffi-

cultés sur difficultés. Au contraire, ces explications n'étant
point nécessaires dans la partie de la législation, qui est
fondée sur le droit naturel de raison, toutes les fois qu'ici
le législateur s'attache à régler la décision des cas particuliers, il entreprend, par cette espèce de morcellement, sur
l'intégrité de la loi, qui n'est bonne qu'en tant qu'elle est
simple et générale. Les anciens juristes avoient très-bien
aperçu cette distinction. Lorsque les *Ulpien*, les *Papinien*
ont voulu envisager des cas particuliers, ils ont limitati-
vement fixé ces cas particuliers dans l'hypothèse où *Titius*
ou *Sempronius* feroient telle ou telle chose. Leurs décisions
ainsi limitées, n'ont pu que servir d'exemples dans des cas
parfaitement semblables, ou à faire connoître l'esprit de la
loi générale. Ainsi leurs opinions sur les espèces ne tendoient
qu'à mieux éclaircir le sens de la loi, qu'on laissoit sub-
sister en termes généraux : ce qui est bien différent d'avec
le législateur, qui aborde diverses suppositions de cas
particuliers pour établir une règle explicative qui soit fixe
et péremptoire.

Ce qui se trouve démontré dans l'Observation précédente, concernant le danger de trop expliquer les règles
d'équité naturelle, s'applique en partie aux règles de droit
positif, quoique celles-ci comportent le besoin des explications : car, dès que la malheureuse nécessité d'émettre
une loi positive, qui sorte du cercle du droit naturel, a été
reconnue par le Gouvernement, il doit s'efforcer de res-
treindre cette loi dans les limites les plus étroites, comme

par respect pour le droit naturel, auquel il est obligé de déroger. Pour assigner précisément ces limites, il n'a qu'à se contenir rigoureusement dans l'étendue que lui prescrit la nécessité qui a dicté la loi.

Autrement il s'ensuivra des lois explicatives du droit positif, le même vice de jurisprudence qui a résulté des commentaires de nos docteurs sur le Digeste et le Code romain. Lorsqu'en 1776 (*) je parlois des embarras occasionnés par ces commentaires, je citois ces mots du bon *Montaigne : Nous doubtions sur Ulpian, nous redoubtons sur Bartolus et Bardus.* Or, le même embarras qui naît des commentaires qu'on n'est point obligé de suivre, peut se rencontrer, à plus forte raison, à la suite des commentaires munis de l'autorité législative.

Si la fixité affectée dans le détail des lois positives fournit un moyen d'uniformité dans la jurisprudence des Tribunaux et sert de guide à la raison des juges, elle présente, d'un autre côté, le grave inconvénient de multiplier les embarras de ces mêmes juges, lorsque, dans des cas particuliers, leur sens d'équité résiste à ces lois explicatives. Ainsi donc le législateur auroit fait le contraire de ce qu'il a voulu faire.

(*) *Principes du Droit civil romain.*

Sixième Observation.

Nous trouvons dans le Projet de Code un exemple bien important de loi positive qui n'est point nécessaire, et par cela seul cette loi seroit digne de réprobation. Déjà, dans ma troisième Observation, j'ai indiqué et prouvé que la faculté d'ordonner la séparation de corps et de biens entre époux, offroit une jurisprudence moins compliquée que la permission du divorce. La raison en est sans doute, qu'il étoit seulement nécessaire d'accorder cette faculté, et non d'introduire le divorce.

Si je parcours attentivement les motifs énoncés dans le Discours préliminaire des rédacteurs, pour justifier les articles de lois qu'ils proposent à ce sujet, j'y rencontre la preuve parfaitement développée que le contrat de mariage est perpétuel par sa destination. Pesant ensuite les raisons qu'on déduit pour et contre le divorce, la balance me paroît pencher avec force du côté des raisons contraires.

On fonde l'utilité du divorce, sur le danger et la violence des passions. Cependant tous les argumens allégués, contre l'indissolubilité du mariage, peuvent se résoudre par des lois qui autorisent la séparation des époux, dans les cas où il est convenable d'ordonner cette séparation.

Les rédacteurs du Code proposé ont considéré sur-tout l'erreur où les jurisconsultes de l'ancien régime étoient tombés, par une espèce d'affectation à ne regarder le ma-

riage que comme un contrat ecclésiastique. En reconnoissant
que la liberté des cultes est maintenant une loi fondamen-
tale de l'État, ils ont tiré la conséquence que la faculté
du divorce se trouve liée parmi nous à la liberté de conscien-
ce (*). Je conclurois plutôt de la diversité des religions,
autorisée dans un État, que le législateur doit seulement y
considérer si le divorce est favorable, ou non, aux mœurs
publiques. N'avois-je pas résolu la question du divorce par
cette considération politique, dans mon ouvrage sur la
Réforme des Lois civiles, publié en 1786 ? On n'avoit
donc pas absolument besoin de discuter l'opinion religieuse,
qui commande ou rejette l'indissolubilité du mariage.

J'ai soutenu que la séparation de corps et de biens suffit
pour remédier aux malheurs dont on est menacé par cette
indissolubilité. Seroit-il vrai, comme on dit, page 34 du
Discours préliminaire, que le célibat forcé seroit aussi fu-
neste aux mœurs qu'à la société, pour les époux séparés
de corps et de biens ? Je crois, au contraire, que la permission du remariage est plus défavorable aux mœurs que
ce célibat. Je sais tout ce qu'on peut reprocher aux ecclé-
siastiques, aux religieux, qui formoient auparavant une
classe de célibataires assez nombreuse ; ce qu'on reprocheroit
encore mieux aux célibataires volontaires qui forment une

(*) *Il eût fallu prouver qu'il y avoit, en France, des
sectaires d'une religion qui autorise le divorce dans le sens
des lois proposées : c'est ce qu'on n'a pu faire.*

classe plus nombreuse encore. Mais le célibat des veufs, qui sont en bien plus grand nombre que les divorcés, est-il bien dangereux ? N'est-il pas constant que l'expérience d'un mariage malheureux est propre à dégoûter d'un second mariage, et qu'en général les passions doivent être moins vives dans ceux qui ont été mariés une fois ? J'avois invoqué, dans mon ouvrage précité, le témoignage de l'histoire romaine, en preuve de ce que la permission de renvoyer sa femme suppose des mœurs entièrement corrompues. *Le divorce, disois-je, tend à obvier à certains crimes ; mais il ne corrige point les mœurs : témoin encore l'histoi e romaine.* Observons que cette leçon d'expérience, puisée dans les temps du paganisme, se rapportoit à un système de législation où le mari, usant sur la femme d'un pouvoir presque égal à l'ancien pouvoir paternel, avoit seul le droit de rompre le mariage en renvoyant sa femme : *repudium.* L'action en divorce n'a appartenu que postérieurement aux femmes, et étoit, comme elle a dû être, plus difficilement admissible de leur part, que lorsqu'elle étoit intentée par le mari. Est-ce justice, est-ce une douceur de législation plus convenable à une nation mieux civilisée, que d'assimiler les femmes aux maris dans l'action en divorce ? Je pense, au contraire, que les mœurs sont intéressées à repousser la facilité des divorces bien plus contre l'instance des femmes que contre celle des maris : car la raison naturelle commande plus impérieusement la modestie et la pudeur, à ce sexe que la nature destine à se prévaloir des attraits de la beauté.

Venons-en maintenant à la manière dont, au sujet du divorce, on propose une législation bien préférable aux autres lois que la révolution française avoit enfantées.

Les rédacteurs du Projet, chap. I, art. III, page 43, ont déterminé génériquement pour cause de divorce. *Les sévices et mauvais traitemens, ET la conduite habituelle de l'un des époux envers l'autre, qui rend à celui-ci la vie commune insupportable.*

J'observe, touchant cet article, qu'on a eu besoin de compter sur ce que les Tribunaux n'abuseront point de l'arbitraire qui leur est laissé dans ces sortes d'instances. On a beaucoup insisté, dans le Discours préliminaire, sur le vice de la loi précédente, qui permettoit le divorce pour cause d'incompatibilité d'humeur. On y démontre combien il étoit monstrueux de rompre les liens sacrés du mariage, sur la simple allégation de cette incompatibilité. Ici on exige, à la vérité, des preuves : mais une conduite habituelle, qui rend la vie commune insupportable à l'un des époux, offre-t-elle autre chose que l'incompatibilité d'humeur ? Il ne semble pas qu'on ait voulu en même temps, et nécessairement exiger la preuve des sévices ou mauvais traitemens ; autrement il n'y auroit point parité entre le mari et la femme dans l'action en divorce qu'on permet : car la force du mari, supérieure à celle de la femme, ne laisse guère supposer la possibilité des sévices et mauvais traitemens de celle-ci envers le mari. Ainsi la particule *et,* insérée dans la rédaction de l'article proposé, ne vaut que la particule *ou.*

Le motif suivant, ainsi énoncé : *La diffamation publique est trop vague, et n'offre pas un sens précis.*

L'autre motif, s'avoir : *L'abandonnement du mari par la femme, ou de la femme par le mari,* présente tant de moyens propres à forcer le divorce de la part de celui des époux qui le désire, qu'on remplaceroit presque par-là les divorces volontaires qu'on veut abolir.

L'autre : *L'adultère de la femme, accompagné d'un scandale public, ou prouvé par des écrits émanés d'elle,* est une vaine disposition qui atteste l'embarras du législateur ; car la preuve de l'adultère ne peut guère se produire directement, encore moins accompagné d'un scandale public. On ne cherche pas des témoins pour commettre un adultère ; et toutes les fois qu'il est divulgué, le scandale est nécessairement attaché à la chose. Auroit-on voulu exclure le mari qui auroit trouvé son épouse en flagrant-délit d'adultère, et l'auroit constaté par la présence de témoins discrets qui, en ne rien divulguant, eussent épargné le scandale public ; exclut-on, dis-je, le mari de l'action en divorce, ou même veut-on lui refuser le droit de se séparer de corps et de biens, d'avec sa femme ? Je ne puis le croire ; et pourtant les lois proposées emportent ce refus, ou cette exclusion.

Que remarquerons-nous au chapitre IV, des effets du

divorce, page 51 ? Les avantages importans accordés à l'époux qui obtient divorce contre l'autre époux, n'offrent-ils pas de graves inconvéniens ? Par exemple, une femme galante met son mari dans le cas de la soupçonner d'infidélité. Les reproches du mari n'attirent que les dérisions de la femme. Elle a l'astuce de provoquer sa mauvaise humeur, dispose des témoins complaisans, pour constater les sévices qu'elle éprouve. En conséquence, elle devient actrice pour intenter le divorce. Tout cela peut avoir lieu entre une femme très-immorale, et un mari très-honnête homme. Cependant l'immoralité triomphe; et, suivant les lois proposées, le mari perd ses avantages nuptiaux, la femme conserve les dons de ce mari envers lequel elle a eu tant de torts, s'arroge une pension alimentaire sur ses biens, et devenant libre de toute puissance maritale, peut se livrer à tous ses débordemens, en s'entretenant avec une partie de la fortune du mari dont elle s'est ainsi débarrassée.

En voilà suffisamment, je pense, pour qu'il soit démontré qu'on pourvoiroit plus efficacement à la conservation des mœurs, en facilitant les séparations de corps et de biens dans les cas convenables : par exemple, dans le cas où la femme, par sa conduite, fournit des présomptions violentes d'adultère, ou lorsque le mari entretient publiquement une concubine, soit dans sa maison d'habitation, soit ailleurs.

Septième Observation.

ON a déjà compris que je ne prétends point suivre ici l'examen de chaque article du Code dont il s'agit : il me suffit de coopérer ailleurs aux annotations que les membres du Tribunal d'appel de Nismes ont déterminé de remplir en commun, pour la rédaction desquelles ils ont commis trois anciens magistrats placés à la tête de ce corps judiciaire auquel j'ai l'honneur d'appartenir. J'envisage la substance du Code en général, ou les diverses masses dont elle est composée, et non chaque petite partie.

Jetant donc un coup-d'œil rapide sur ce qui concerne l'état des personnes, il m'a paru important d'être attentif sur les fixations d'âge ou de temps que la loi doit préciser relativement à diverses aptitudes aux droits que les Citoyens peuvent exercer. L'âge de la puberté, ou plutôt de l'aptitude légale à contracter mariage : celui de la majorité, qui se rapporte à l'aptitude légale à contracter toutes sortes d'engagemens : enfin, le terme fatal qu'on peut déterminer au sujet de la reconnoissance d'un enfant légitime par mariage subséquent, d'où dérive, pour cet enfant, l'aptitude légale à succéder, sont autant de points de droit qui méritent certainement la plus sérieuse attention.

Tout le monde a aperçu la différence des lois proposées sur ces points, d'avec la précédente jurisprudence. Cette différence a-t-elle été bien assignée ?

Les juristes romains avoient décidé, d'après leurs connoissances physiques des tempéramens du corps humain,
que les mâles étoient pubères à quatorze ans, les filles à
douze. On ne présente là-dessus qu'un léger changement ;
c'est d'indiquer la puberté à un an de plus, soit pour les
mâles, soit pour les filles. Il semble qu'on a regardé ce
changement de loi, comme remplissant la proportion indi-
quée par la différence du climat de la France, d'avec celui
de l'Italie, où l'autre fixation avoit eu lieu.

Avois-je été fondé à préférer la disposition législative,
qui ne permettroit le contrat de mariage qu'à l'âge de
dix-huit ans pour les mâles, et de quinze ans pour les
filles ? Je n'ignorois pas, sans doute, qu'il est quelquefois
des filles pubères avant douze ans, et même des garçons
qui le sont avant quatorze ; mais j'envisageois la presque
généralité des tempéramens du corps humain, et devois
négliger de rares exceptions, en désirant que le mariage
ne fût permis qu'à des individus dont les corps bien formés
produisent des générations plus saines et plus robustes. A
la vérité, j'ai dû supposer que les jurisconsultes auxquels
nous sommes redevables de la rédaction de Code qu'il s'agit
de perfectionner, ont pensé balancer l'inconvénient du trop
de jeunesse des époux, par l'assujettissement des enfans
à l'autorité des parens dont le consentement est requis pour
leur mariage. Mais l'opposition des parens qui, en aigrissant
l'esprit des enfans, ne fait ordinairement qu'allumer leurs
folles passions, m'a paru n'être point équivalente aux effets

d'une loi générale qui prohiberoit des mariages trop pré-
coces. La loi le défend, diroit-on ; et ces mots ont un
caractère plus grave, plus imposant que de dire : vos parens
ne veulent point vous marier. Cette loi d'ailleurs seroit,
si l'on peut s'exprimer ainsi, d'une bonne moralité.

Depuis nombre de siècles, on a applaudi à la fixation de
l'âge de vingt-cinq ans pour la majorité, suivant le Droit
romain. Est-ce par un reste d'égard pour ces idées de liberté
que la révolution française avoit proclamées, sans qu'elles
fussent toutes assez réfléchies, que nous assignerons l'âge
de majorité à vingt et un ans ? Ceci est un peu contradictoire avec la disposition qui étend jusqu'à vingt-cinq ans
le droit qu'ont les pères de s'opposer au mariage de leurs
enfans : mais cette contradiction n'ayant pas d'inconvénient
par elle-même, il reste toujours à examiner si les progrès
de notre civilisation permettent de croire que les Français de
vingt et un ans ont la raison aussi formée, ont des lumières
acquises par une expérience aussi sûre qu'avoient les Romains
de vingt-cinq ans pendant le siècle d'*Auguste*. Du moins,
il faut convenir que les Romains avoient eu des philosophes, avant qu'on rédigeât les Pandectes sous *Justinien*.
On doit donc examiner si les philosophes de notre temps,
qui ont suggéré de justes motifs de réformer les lois civiles,
ont montré plus de profondeur d'idées que ceux de l'an-
cienne Rome. J'avouerai, si l'on veut, que les modernes
l'ont emporté sur les anciens dans la science économique et
politique, mais non touchant les maximes de jurisprudence :

car on s'aperçoit bien que les modernes sont obligés de puiser chez les anciens les meilleures de ces maximes.

Les jurisconsultes romains, qui n'étoient point aussi difficiles que nous, pour admettre le droit d'adoption, entendoient que l'enfant né avant le mariage fût légitime, par le seul effet du mariage subséquent de ses père et mère. Ils n'exigeoient, à cet égard, que des preuves claires de la filiation.

La précédente jurisprudence française avoit mis des entraves à cette facile introduction dans une famille, d'un enfant né avant mariage. Il le falloit bien, dans un pays où les droits féodaux, où les privilèges des aînés, où l'orgueil nobiliaire sacrifioient les individus même nés dans le mariage, pour conserver ou agrandir la splendeur ou l'opulence de la famille : mais il sembloit que maintenant, à mesure qu'on a la sagesse de se reporter, après les crises d'une grande révolution, vers d'anciennes règles que l'expérience des siècles avoit confirmées, nous serions revenus à cette simple disposition de jurisprudence romaine. Cependant, bien-loin de blâmer les précautions prises par les auteurs du Code proposé, en vue d'empêcher les fraudes par lesquelles un imposteur peut entreprendre de s'associer à une famille qui lui est étrangère, je critiquerai seulement l'excès de ces précautions.

Au-lieu de n'appliquer la légitimation par mariage subséquent qu'à des enfans légalement reconnus au moment de la célébration du mariage (*Voyez* page 40), il devroit être permis aux époux de faire cette reconnoissance pendant toute leur vie, suivant des formes légales.

En effet, la cause des enfans qui, dans leur bas âge, n'ont que la loi pour soutien, est, en quelque sorte, la cause de l'humanité ; elle mérite, pour le moins, autant de faveur que la cause de la tranquillité des familles : mais plutôt, il faut pourvoir à l'une et à l'autre. C'étoit bien assez d'exiger des preuves de possession d'état, ou des écrits de reconnoissance, sans qu'on dût limiter dans le cercle étroit d'un instant fugitif, la permission d'établir l'état d'un enfant par mariage subséquent. La légéreté, la bizarrerie de divers caractères peuvent occasionner des cas où une fille, après avoir été séduite par des promesses de mariage, ayant commis une faute, trouvant ensuite, de la part de celui qui l'a provoquée, des dispositions équivoques à l'épouser, précipite son mariage, dès qu'elle peut obtenir un consentement du jeune homme. L'enfant peut être absent ou malade, ou on croit qu'il va mourir ; ou bien, cette fille n'ose encore rendre sa faute publique ; ou enfin, la considération de quelques parens gêne les époux. Faut-il que l'instant du mariage étant écoulé, il ne dépende plus des père et mère de reconnoître leur enfant ? Dans cette hypothèse du moins, n'y avoit-il pas assez de motifs plausibles pour faire revivre l'ancien droit d'adoption ? On a laissé ce vuide dans le Discours préliminaire, de ne point expliquer pourquoi les rédacteurs ont cru se devoir rien statuer sur l'adoption.

Huitième Observation.

COMME il y a diversité d'opinions, soit touchant la préférence accordée à certaines dispositions législatives dans la rédaction d'un Code civil, soit sur la juste étendue qu'il faut donner à cette rédaction, au-lieu de transiger entre les opinions diverses, il importe uniquement de se déterminer pour ce qui seroit le plus raisonnable et le plus utile. Voulant y parvenir plus sûrement, voici comment j'avois tâché de m'éclairer. La conformité des règles qui m'ont dirigé, avec celles qui ont été observées par les rédacteurs du Projet publié par le Gouvernement, semble m'autoriser ici à retracer brièvement les principaux résultats de mes travaux en matière de réformation de lois civiles, tels à peu près qu'ils étoient offerts dans un Plan abrégé de Code, imprimé depuis un an, à la suite d'un Essai sur l'Art de la Législation.

J'avois dû analyser mes divers écrits ou études de jurisprudence. C'étoit en résumant diverses analyses, qu'en 1789 j'avois rédigé un Projet de Code, où, dans à peu près 150 pag. d'impression *in*-8°., j'établissois des principes extraits de la jurisprudence romaine sous certaines modifications, telles que le Droit coutumier dût venir s'y confondre. Je reconnoissois néanmoins que ma rédaction de Code avoit grand besoin d'être perfectionnée.

Il avoit fallu ensuite, pour me réduire aux termes les plus précis, qui fussent aisément compris par les jurisconsultes, supposer que mes lecteurs possédoient parfaitement la science du Droit romain, et leur indiquer seulement les différences principales d'avec ce droit que je proposois pour un nouveau Code.

L'analyse de ces différences ne présentoit qu'environ trois ou quatre pages. Elles portoient une nouvelle fixation de l'âge auquel on seroit apte à contracter mariage, et dont j'ai parlé ci-dessus. Elles induisoient le rétablissement de la puissance paternelle, que je modifiois en y faisant participer la mère à son tour sous le nom de droit de garde. Dans cette innovation, qui appelle la mère à la participation du pouvoir paternel, je conservois la différence juste et morale qu'il convient de marquer entre le pouvoir du père, qu'il faut toujours considérer comme le chef prépondérant de la famille, et le pouvoir supplétif de la mère. J'exigeois le consentement du père au mariage de l'enfant jusqu'aux vingt-cinq ans de celui-ci. Je renvoyois aux règles générales des conventions, la stipulation de la communauté des biens entre époux, *etc.*

Qu'il me soit permis seulement de transcrire ici les deux articles VIII et IX des modifications que j'apportois au Droit romain.

Je disois, dans le huitième, qu'il falloit, « en adoptant » les règles du Droit romain, touchant les successions *ab*

» *intestat*, admettre les frères et leurs descendans en con-
» currence avec les ascendans, et n'accorder aux frères
» consanguins ou utérins qu'une demi-portion d'hérédité,
» lorsqu'ils seroient en concurrence avec les germains qui
» auroient portion entière. Lorsque les collatéraux succè-
» dent, s'ils ne sont pas au même degré, les admettre
» par souche ; et s'ils sont au même degré, les admettre par
» têtes, en préférant les collatéraux descendans aux colla-
» téraux ascendans qui ne sont pas plus proches en degré ;
» exclure le droit de représentation au-delà du troisième
» degré ; admettre l'époux survivant à la succession *ab*
» *intestat* de l'époux défunt, au préjudice des parens col-
» latéraux, qui ne viennent qu'après le cinquième degré ;
» établir aussi le droit de succession en faveur du gendre,
» ou du beau-père, ou de la belle-mère, ou de la bru,
» au préjudice du Fisc, s'il n'y a que des parens au-delà
» du dixième degré..... n'admettre la distinction des biens
» paternels et maternels, et le droit de retour de ces biens
» que lorsqu'il n'y a point de descendans, et seulement en
» faveur des accendans directs ou des accendans collatéraux
» qui les avoient donnés eux-mêmes, ou des descendans
» directs de ceux-ci, ou de leurs frères et sœurs. ».

Voici comment étoit conçu le neuvième article de mon
analyse. « Les donations ou dispositions de dernière vo-
» lonté ne seroient permises qu'à ceux qui ont atteint l'âge
» de vingt ans accomplis, et ne sont point sous la puis-
» sance paternelle. Elles seroient permises aux femmes ma-

» riées, sans qu'elles fussent autorisées par leur mari. Les
» substitutions fidéicommissaires ne pourroient s'étendre au-
» delà d'un seul degré, l'institution d'héritier non com-
» prise ; la substitution pupillaire ne pourroit frustrer la
» mère du pupille de son droit de légitime sur les biens de
» celui-ci. Les enfans de la personne chargée de rendre un
» héritage substitué, pourroient prétendre un droit de lé-
» gitime sur cet héritage, s'il provient de leur aïeul ou
» aïeule, ou autre ascendant en ligne directe....... Les
» donations entre-vifs, en faveur d'autres que les enfans,
» ou descendans en ligne directe du donateur, ne pourroient
» excéder la dixième portion des biens du donateur qui
» auroit des enfans légitimes capables de recevoir..... Le
» droit légitimaire des enfans, seroit fixé aux deux tiers de
» ce qu'ils auroient eu *ab intestat*. Le même droit pour les
» ascendans, ou ceux qui les représentent, seroit fixé au
» tiers de l'héritage : à défaut de ceux-là, les frères ou
» sœurs, ou leurs représentans, auroient un semblable
» droit de légitime, *etc.* »

Quel est mon but, en retraçant un Précis de certains
résultats de mes méditations sur le Code civil, où, comme
on voit, je me suis trouvé souvent dans la route tenue
par les rédacteurs du Projet que nous examinons ? C'est,
comme je l'ai annoncé au commencement de cette huitième
Observation, de chercher à fixer le plus raisonnable des
systèmes qu'il convient d'embrasser dans une rédaction dé-
finitive.

Je ne m'attacherai guère à discuter au fond quelques dispositions législatives, où je diffère d'avis d'avec les Commissaires du Gouvernement. J'abandonne aux Tribuns et
aux membres du Corps-législatif la résolution de mes objections. Mais je veux parler de la forme d'un Code qui
présente brièveté et réduction ou suppression des lois sur
des cas particuliers, en tant qu'on aura pourvu à les comprendre sous des dispositions générales. J'insiste d'autant
plus sur ce point, qu'on ne manquera pas vraisemblablement
de réclamer de toutes parts l'insertion d'une multitude de
nouveaux articles dont on prétendra que l'omission offre
une lacune.

Il me semble pourtant d'avoir mis ici en évidence, qu'il
eût été possible, à la rigueur, de renouveler suffisamment
la législation civile dans très-peu de pages, qui contien-
droient simplement le développement de ce qui suit.

Indépendamment d'un recueil méthodique et précis 1°. des
règles générales d'équité en matière civile ; 2°. et à part
des règles de droit positif, puisées dans le Droit romain,
et dégagées de ce qui en est contradictoire, ou obscur, ou
tombé en désuétude, on eût pu se borner à statuer que ce
Droit romain seroit suivi avec telles ou telles différences
ou modifications.

A Dieu ne plaise que je regarde comme chose nécessaire
ou juste de respecter d'anciennes lois, en y attachant le
nom de romaines plutôt que de françaises, même lorsque
les Français s'emparent de ce qu'ils ont puisé chez les

Romains. N'ai-je pas prouvé ailleurs que la sagesse des anciens peuples, des Égyptiens, et sur-tout des Grecs, avoit fourni beaucoup de matières à ces juristes qui ont voulu que la raison universelle fût proclamée sous le nom de *Droit romain* ? Le mérite seul de l'Essai de rédaction que les Commissaires du Gouvernement nous offrent aujourd'hui, autoriseroit à attacher le nom français à ce recueil des maximes de l'antique sagesse, quand même les reproches d'imperfection que je puis y opposer seroient tous bien fondés. Je n'ai donc prétendu, en ce moment, que présenter l'exemple du Code le plus succinct possible.

Quoique les rédacteurs du Projet ayent exécuté soigneusement ce *Delectus legum romanarum*, ayent confondu à propos et dans un bel ordre les différences qu'ils jugent devoir admettre à présent d'avec cet ancien Droit, et, par conséquent, ayent suivi le même plan, je regrette que leur rédaction n'offre point cette briéveté ou concision qui permettroit à presque tous les Citoyens de s'instruire des lois à bonne heure, et d'y puiser même des leçons de morale. Cette instruction que la jeunesse romaine prenoit de la loi des douze Tables, *tanquam carmen necessarium*, n'empêchoit pas qu'on ne reconnût souvent la nécessité de recourir aux conseils des jurisconsultes ; et j'ai assez raconté ailleurs combien leur sage érudition leur attiroit de considération dans les plus beaux temps de la philosophie.

Je regretterois encore plus qu'on ne mît pas à profit la rédaction de Code qui nous est offerte, où l'on reconnoît de grands maîtres en jurisprudence, analysant les bons livres, pouvant se montrer, avec un peu plus de soin sur chaque matière, comme supérieurs aux auteurs de ces livres. Mais il leur seroit aisé, en remaniant et corrigeant leur propre ouvrage, en mettant de côté diverses parties qui n'appartiennent point indispensablement à un Code civil proprement dit, et peuvent être réservées pour composer des lois spéciales réglémentaires, en élaguant toute loi positive qu'ils estimeront aussi n'être point indispensable, d'en venir à ce degré de briéveté et de précision qui me paroît désirable.

Pour apprécier l'étendue du Code proposé, il ne suffit pas de la juger du moins égale à celle qu'on trouve dans l'*in-fol.* de *Domat*, en supprimant de celui-ci la doublure des textes latins, et ce qui est étranger aux lois civiles proprement dites. Il ne faut pas même considérer le Projet comme circonscrit dans les limites où il nous est offert. On doit le considérer comme grossi par les additions nécessaires que sa rédaction comporte. Ce n'a été que pour cause de briéveté que, dans ma quatrième Observation, je n'ai pas multiplié les exemples des règles fixes qu'on a voulu établir en certaines hypothèses particulières, d'où s'ensuit la nécessité d'ajouter d'autres lois explicatives. Mais ce que je n'ai point fait dans le court intervalle où il m'a été possible de m'occuper de l'examen du Projet, se trouvera suppléé abondamment dans les diverses observations qu'on recueillera de part et d'autre. Sans connoître ces observations, je puis assurer d'avance qu'on y trouvera une assez grande quantité de ces exemples.

Cependant, à force de rechercher une perfection absolue dans la rédaction du Code civil, ne risque-t-on pas de poursuivre une chimère? N'avons-nous pas à craindre qu'en ceci le mieux ne soit ennemi du bien? N'est-il pas pressant d'adopter la majeure partie du Projet dont nous reconnoissons assez le mérite? Oui, je renonce volontiers à toutes les objections par lesquelles j'ai pu critiquer ce Projet, si les moyens d'amélioration que j'indique doivent renvoyer trop loin l'acceptation d'un Code fixe. Celui qu'on propose vant, malgré toute juste critique, beaucoup mieux que toutes nos lois actuelles, ou que la diversité de nos précédentes règles de théorie légale. C'est, à la vérité, moins une législation nouvelle, qu'un recueil sage, un choix exquis d'articles de jurisprudence, qui, avant d'être fixé, demande un peu plus de réflexion. Il contient pourtant un trait de législation digne du génie des anciens philosophes législateurs : c'est d'avoir accordé aux pères, malgré les idées de liberté que nous professons, la faculté de faire mettre en arrestation leurs enfans, dans les cas convenables. Si les peuples d'autrefois ont pu admirer l'effet du pouvoir paternel, quoique trop rigoureux chez les premiers Romains, on doit attendre d'heureux effets d'une juste latitude attribuée à cette puissance parmi nous. Peut-être faudroit-il encore, pour l'intérêt des mœurs, ajouter quelque chose en faveur de l'autorité maritale, et ce seroit, comme je l'ai fait pressentir, la suppression, pour l'avenir, de la communauté des biens entre époux; ce seroit aussi d'admettre les séparations de corps et de biens en place des lois sur le divorce.

CONCLUSION.

IL seroit superflu de m'étendre davantage sur les moyens d'amélioration du Projet du Code proposé, qui dépendent des Commissaires-rédacteurs nommés par le Gouvernement, avant que ce Projet soit présenté à la discussion du Tribunat, et aux délibérations du Corps-législatif. Je veux seulement, dans cette Conclusion, aller au devant de ce qui peut être l'ouvrage de ces deux Corps. Auront-ils à discuter l'admission du Projet, tout d'une masse, ou examineront-ils successivement chaque titre pour délibérer s'il faut l'admettre, sauf telle ou telle modification ? Il paroît que ce dernier parti, quoique plus lent, est le plus sage.

Autre question : discutera-t-on la forme de la rédaction avant de prononcer sur le fonds des articles législatifs ? Par exemple, délibérera-t-on si les règles générales d'équité, jointes à celles du droit positif, qui semble dicté aussi par l'équité naturelle, parce qu'il a des rapports directs avec la nature de l'homme en société, seront préventivement offertes dans la rédaction, avant d'assigner les lois positives qui sont propres au Droit français spécial ? Dans ce cas, il me sembleroit qu'il faudroit ainsi séparer les matières, pour avoir égard aux considérations que j'ai fait valoir.

Les lois positives qui sont spécialement propres à l'Empire français, d'après les divisions du Projet, seroient 1°. sur la forme de publication des lois : 2°. sur les personnes qui devront jouir, ou non, des droits politiques et civils en

France, en laissant à part ce que la raison naturelle prescrit également pour tous les pays ; il en seroit de même pour ce qui concerne la résidence ou le domicile : 3°. sur les formalités civiles du mariage, ou des oppositions au mariage, sur la manière de constater la naissance ou la filiation : 4°. sur les formalités de tous les actes devant notaire, sur la manière de constater ou purger les hypothèques, de procéder aux saisies réelles ou ventes forcées ; enfin, sur ce qui est de la procédure judiciaire.

Tout le reste du Code, sans exception, peut être déterminé suivant les règles générales ou présumées générales de la raison, en y comprenant même les lois sur les servitudes, les successions, les prescriptions, et le droit de privilège ou hypothèque.

Voilà, je pense, une distinction bien claire de ce que j'entends par Droit civil d'équité générale, d'avec ce qu'on doit regarder comme Droit civil spécial de France. J'ai indiqué les bons effets qui résulteroient d'une telle séparation des matières de législation. C'est sur-tout en se conformant à une pareille distinction, que les rédacteurs du Discours préliminaire ont eu raison de dire, page 17 : *Les Codes des peuples se font avec le temps ; mais, à proprement parler, on ne les fait pas.* La partie des lois civiles, qu'il appartient moins au législateur de *faire* que de *rédiger*, est celle que la raison et l'expérience des siècles ont faite avant nous, et que je désigne ici sous la nom de Droit civil d'équité générale, celui dont j'ai désiré que la rédaction fût assez éoncise, assez claire pour être facilement connue de la presque généralité des Citoyens.

Une obéissance spontanée des sujets, et, pour m'exprimer ainsi, un goût moral de justice que l'instruction de ces lois fortifieroit en eux, résulteroient de la simplicité, de la concision et du petit nombre de ces lois qui seroient naturellement approuvées par leur raison universelle. On peut dire que moins le législateur mettroit du sien dans ce Code, plus il se montreroit grand et juste.

Si mes remarques précédentes peuvent faire quelque sensation sur les premiers magistrats du Gouvernement français, sur les membres des autorités législatives, et, en général, sur les bons esprits, ils jugeront encore nécessaires quelques sages lenteurs des discussions, pour amener au plus grand jour les meilleures formes de rédaction d'un Code civil, ainsi que les parties dont on le composera. Rien n'empêcheroit néanmoins d'adopter provisoirement le Projet de Code en entier, sauf des corrections postérieures. Rien n'empêcheroit aussi d'ordonner, comme plus pressante, l'exécution des lois proposées sur la puissance paternelle et les successions.

Il conviendroit, peut-être, de publier le Verbal des Observations des Commissaires pris dans le Tribunal de cassation, et dans chaque Tribunal d'appel, pour qu'on lût avec plus d'intelligence et d'intérêt les discussions des Tribuns. Ne conviendroit-il pas aussi de mettre un certain intervalle de temps entre ces discussions et les décisions du Corps-législatif? Pendant ce temps, il seroit permis aux philosophes, aux littérateurs de tous les pays de produire à leur gré d'utiles observations sur la composition du Code. Du choc de leurs débats, excités par une émulation patriotique, on verroit jaillir des traits de lumière. Par ce moyen, on appelleroit, en quelque sorte, toute l'Europe civilisée à contribuer à la perfection du grand œuvre dont il s'agit.

Alors, et après l'usage de pareilles précautions, seroit proclamée définitivement la charte des droits et obligations sociales entre Français. Cette charte serviroit de modèle à la plupart des gouvernemens, ou leur deviendroit commune par l'ascendant seul de la bonté des lois.

Assurément il est bien glorieux d'arracher les armes des mains de tous nos ennemis, de pacifier l'Europe par une admirable politique; mais offrir aux regards de l'univers un monument durable de haute sagesse dans les lois, ne seroit-ce pas aussi un beau moyen d'illustration pour le peuple et le Gouvernement français? Il appartient aux magistrats suprêmes de ce Gouvernement, dont le premier a déjà pris, dans l'histoire des héros, la plus brillante place, pour imposer à la postérité le devoir d'une juste admiration; le second a été remarquable comme grand jurisconsulte, avant d'être distingué par sa sagesse politique, autant que par son rang; et le troisième, joint à une douce philosophie les connoissances administratives et littéraires les plus étendues : il appartient , dis - je , à ces magistrats de poser une base comme universelle de la paix intérieure des états.

Nota. Depuis qu'une multitude d'observations critiques ont paru sur le Projet de Code dont il s'agit , j'ai cru devoir livrer à l'impression ces brièves remarques dont je m'étois borné à soumettre le manuscrit au Ministre de la justice. Je m'y détermine à cause de l'utilité qu'il y auroit de rapprocher la plupart de ces critiques, avec les principes que j'ai établis. Comme elles offrent , en quelque sorte , les développemens de ces principes, elles fournissent une démonstration mathématique de leur justesse. Elles démontrent en même temps ; que si , dans une rédaction nouvelle , on veut encore multiplier au-delà de certaines bornes , et fixer des règles législatives dans des hypothèses particulières , une foule de censeurs pourront encore justement s'exercer contre cette recomposition. Ainsi, le principal problème à résoudre par les rédacteurs , est de déterminer , avec la plus exacte précision , les limites qu'il est dangereux de dépasser.

A CARPENTRAS,

De l'Imprimerie de JEAN-ALEXIS PROYET.

www.ingramcontent.com/pod-product-compliance
Lightning Source LLC
Chambersburg PA
CBHW051742050726
47598CB00003B/1293